BIOGRAPHIE

DE MONSEIGNEUR

GEORGES DARBOY

ARCHEVÊQUE DE PARIS

PAR

M. H. FISQUET

Membre de plusieurs sociétés savantes, auteur de la FRANCE PONTIFICALE

—

Prix : 40 centimes.

—

PARIS

BUREAUX DE LA SEMAINE RELIGIEUSE

5, PLACE DU PANTHÉON, 5

—

1871

BIOGRAPHIE

DE MONSEIGNEUR

GEORGES DARBOY

ARCHEVÊQUE DE PARIS

PARIS. — E. DE SOYE ET FILS, IMPRIMEURS, PLACE DU PANTHÉON, 5.

BIOGRAPHIE

DE MONSEIGNEUR

GEORGES DARBOY

ARCHEVÊQUE DE PARIS

PAR

M. H. FISQUET

Membre de plusieurs sociétés savantes, auteur de la FRANCE PONTIFICALE

PARIS

BUREAUX DE LA SEMAINE RELIGIEUSE

5, PLACE DU PANTHÉON, 5

—

1871

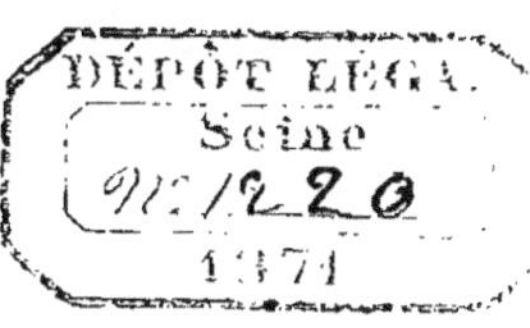

BIOGRAPHIE

DE MONSEIGNEUR

GEORGES DARBOY

ARCHEVÊQUE DE PARIS

Eclairé par les lueurs de la mort, qui, quelquefois, sont une révélation céleste, S. Em. le cardinal Morlot indiqua, dit-on, à l'empereur, pour lui succéder sur le siége de Paris, son compatriote, son ami et son exécuteur testamentaire, Mgr Georges Darboy, déjà évêque de Nancy. L'héritage était périlleux à recueillir, car, après avoir vu, au milieu de tant de difficultés, de dangers et d'amertumes, quatre archevêques se succéder si rapidement sur le trône de saint Denys, de saint Marcel, de Maurice de Sully et de tant d'autres prélats illustres, il fallait un certain courage et un véritable dévouement à l'Église pour accepter un poste si redoutable, qui ne présente guère qu'une couronne d'épines pour le front du prêtre du Seigneur qui l'occupe. Quoi qu'il en soit, un décret impérial, en date du 10 janvier 1863, appela Mgr Darboy à l'archevêché de Paris.

C'est le 16 janvier 1813, dans la petite ville de Fayl-Billot, arrondissement de Langres (Haute-Marne), que naquit Georges DARBOY, du mariage de Pierre-Georges Darboy, propriétaire et adjoint au maire de cette commune, et de Marie-Jeanne Valdin. Si ses parents ne lui transmirent point à sa naissance un grand nom et des parchemins nobiliaires, ils lui donnèrent des traditions de vertu et d'honneur, et des sentiments chrétiens. Ses premières années s'écoulèrent heureuses, douces et bénies, au sein d'une famille qui craignait Dieu.

Au sortir de l'école, le jeune Darboy reçut d'un vicaire de la paroisse, l'abbé Lambert, les premiers éléments de la grammaire latine. Déjà, à cette époque, son plus vif plaisir était de servir au saint autel, et les questions les plus captieuses du prêtre chargé des catéchismes de la paroisse ne parvenaient pas à l'embarrasser. Dans l'enfant on voyait déjà poindre le brillant théologien. C'était là un signe indubitable de vocation ecclésiastique. Entré, en octobre 1826, au petit séminaire de Langres comme élève de cinquième, le jeune abbé se plaça, dès cette première année, à la tête de sa classe, et l'application passionnée qu'il apporta dans toutes ses études lui valut, chaque année, les plus beaux triomphes de la carrière scolaire. Il préludait ainsi, dans ces luttes et dans ces triomphes pacifiques de l'enfance, aux luttes sérieuses de la vie et aux brillantes destinées qui l'attendaient.

Après avoir terminé ses humanités, il entra, en octobre 1831, au grand séminaire pour y suivre les cours de philosophie et de théologie. Là aussi il dépassa rapidement le niveau de la science exigée, et tout en se livrant aux études du dogme, de la morale, du droit canon, de la liturgie et de la théologie pastorale, il s'initia, sous la direction des pieux abbés Barillot et Lorain, aux grands enseignements du catholicisme, et par la pénétration et l'activité de son esprit, par sa facilité merveilleuse à saisir les explications de ses maîtres, il continua de briller parmi ses condisciples.

L'abbé Darboy, successivement ordonné sous-diacre et diacre, reçut la prêtrise le 17 décembre 1836, des mains de Mgr Parisis, évêque de Langres. Tout aussitôt il débuta dans l'exercice du ministère pastoral par les modestes fonctions de vicaire de la paroisse Notre-Dame, à Saint-Dizier. L'abbé Henriot en était le curé ; mais sa santé faible et chancelante ne lui permettait pas de s'occuper d'une manière active de tous les détails d'administration de cette paroisse, la plus importante de la ville. Quoique rempli de zèle, de bonne volonté et d'expérience, il était obligé de confier à ses vicaires les soins de son église. Par ce moyen, l'abbé Darboy n'en apprit que plus vite toutes les difficultés et toutes les obligations du sacerdoce. Il eut la charge de la visite des malades, de l'administration des sacrements, de la direction des petits enfants. Dans l'enseignement des saintes vérités de l'Évangile, il ne chercha point à viser à l'éloquence, s'attacha d'abord à formuler clairement ses pensées, il y réussit et captiva constamment l'attention. Là, comme au séminaire, sa grande application fut l'étude, et en mettant à profit quelques loisirs dus à l'amitié de son covicaire, en retranchant un peu sur le repos de ses nuits, il put amasser dans les réservoirs de son esprit, ou consigner sur ses répertoires les riches et solides matériaux des ouvrages futurs qu'il méditait déjà. Pendant qu'il remplissait ses devoirs de vicariat, l'administration diocésaine lui confia également la charge d'aumônier de l'hospice des aliénés (asile départemental) de Saint-Dizier, et c'est ainsi que, par les occupations les plus humbles et les plus respectables, la Providence, qui avait ses vues sur ce jeune prêtre, le préparait à la haute position qu'il devait un jour occuper. De cette époque date le commencement de ses relations avec Mgr Morlot, alors vicaire général de Dijon, qui venait de temps en temps rendre visite à son ami intime l'abbé Henriot, curé de Notre-Dame de Saint-Dizier.

En 1840, Mgr Parisis appela l'abbé Darboy au grand séminaire de Langres en qualité de professeur de philosophie. L'année suivante, il lui confia la chaire d'Écriture sainte, et enfin, lorsque le jeune professeur se fut ainsi préparé par la philosophie et l'exégèse, il lui donna le poste que lui assignait cette préparation, c'est-à-dire la chaire de théologie dogmatique.

Mgr Parisis avait bien auguré de la haute capacité du jeune prêtre à qui il n'hésitait pas de confier l'un des premiers postes de son diocèse. A partir de ce moment, l'abbé Darboy parut en effet s'élancer de ses propres ailes et s'élever dans les régions sereines de la pensée. Il posa nettement et le premier la question du surnaturel qu'il définit et dont il marqua l'étendue ; il précisa les notions de grâce indispensables à l'intelligence des mystères ; il réfuta les préjugés dont les conséquences iraient à méconnaître l'institution de l'Église, et formula, avec une hardiesse pleine de confiance, les données générales des rapports de l'Église avec l'État.

Pendant les cinq années de son enseignement, l'abbé Darboy avait, sous l'inspiration de Mgr Parisis, su donner une impulsion heureuse aux études ecclésiastiques du diocèse de Langres. Dans cet intervalle, il avait fait aussi ample provision de doctrine et de science, et en 1845, il venait de traduire et de publier, en les faisant précéder d'une introduction remarquable, les *Œuvres de saint Denys l'aréopagite*, travail qu'un savant bibliographe a appelé « le plus beau monument d'érudition chrétienne des temps modernes. » Plus d'une fois, dans ses rêves, le jeune professeur avait porté ses regards vers Paris, ce foyer immense où l'âme ardente du prêtre peut s'épancher par la prédication, par l'enseignement et par les bonnes œuvres. Il s'était donc arrêté à la pensée de venir se fixer dans la capitale : aussi quitta-t-il le diocèse de Langres avec l'agrément de Mgr Parisis, qui avait fait les plus grands éloges de son talent, de son savoir et de son zèle, à Mgr Affre, de passage à Langres. L'archevêque de Paris avait alors eu une entrevue avec le savant professeur du grand séminaire, et sans doute cette entrevue n'avait pas été sans influence sur le départ de l'abbé Darboy.

L'abbé Darboy obtint, le 14 janvier 1846, le poste modeste de second aumônier du collége Henri IV, où il travailla avec ardeur à purifier, à éclairer de jeunes âmes et à les préparer aux rudes combats de la vie.

Pendant que l'abbé Darboy se dévouait à cette douce mission et consacrait ses loisirs à l'étude, Mgr Affre le chargea des conférences à l'école des Carmes, et le nomma, le 9 octobre 1847, chanoine honoraire de l'église métropolitaine. Partout il se montra supérieur, et les diverses fonctions qui lui furent confiées, lui servirent d'échelons pour les hautes dignités ecclésiastiques.

M. l'abbé Duquesnay, actuellement curé de la paroisse Saint-Laurent, ayant succédé à M. l'abbé Gratry dans les fonctions d'aumônier de l'École normale, l'abbé Darboy devint, en juillet 1851, premier aumônier du collége Henri IV, qui avait alors repris son ancien nom de lycée Napoléon.

L'année suivante, l'archevêque de Paris lui donna des lettres de vicaire général honoraire et le chargea de tout ce qui concernait l'instruction secondaire. Ces fonctions le mirent en rapport continuel avec le ministère de l'instruction publique et des cultes. Dans les années qui venaient de s'écouler, l'Église et l'État avaient été, en France, le théâtre et jusqu'à un certain point les victimes des agitations. Deux questions surtout divisaient les esprits dans nos églises, la question des classiques, imprudemment soulevée par Mgr Gaume, et la question de la presse religieuse, que l'on réduisit misérablement à une question de personne. L'abbé Darboy ne prit personnellement aucune part à ces luttes ; mais au milieu du combat, un prédicateur ardent, un vaillant athlète de la chaire, l'abbé Combalot, attaqua, avec un zèle quelque peu outré, le vénérable archevêque de Paris.

Mgr Sibour, désolé de ces attaques passionnées, ne crut pas devoir laisser passer sans réponse une brochure lancée contre un ou deux de ses mandements. Il jeta les yeux sur l'abbé Darboy pour soutenir sa défense, et ce dernier répondit immédiatement à l'abbé Combalot par une lettre en soixante-quatre pages, où il se révéla comme un polémiste retors et vigoureux. Son antagoniste lui fit une réponse qui amena une seconde lettre non moins énergique, après laquelle l'honneur fut des deux côtés déclaré satisfait. Dans ces deux écrits, l'abbé Darboy, malgré l'émotion qui débordait son âme, ne manqua pas un seul instant aux usages de la polémique, et sa dialectique serrée et nerveuse montra suffisamment qu'il pouvait affronter les plus grandes luttes.

Cette controverse mit en lumière toutes les ressources de l'abbé Darboy, que Mgr Sibour se promit bien, à la première occasion, d'attacher encore plus étroitement au diocèse de Paris. Lorsqu'il se rendit, en novembre 1854, dans la capitale du monde chrétien pour y prendre part aux fêtes de la publication du dogme de l'immaculée conception, il le choisit pour l'accompagner. Dans ce voyage, ses éminentes qualités autant que sa modestie frappèrent Sa Sainteté Pie IX, qui, en même temps qu'il préconisait l'abbé Sibour évêque de Tripoli *in partibus*, donnait à l'abbé Darboy un bref qui le nommait prélat romain et protonotaire apostolique *ad instar participantium*. Ces honneurs inespérés n'éblouirent point le prêtre de Jésus-Christ, et il les reporta tous sur la personne de son archevêque, dont il devint plus que jamais l'ami et le conseiller intime.

L'abbé Darboy marchait à grands pas dans la voie des honneurs, et la Providence semblait pressée de le mettre en lumière. L'expérience dont il avait toujours fait preuve au conseil archiépiscopal devait l'appeler à y prendre bientôt une place définitive. Le 27 décembre 1855, il fut agréé comme vicaire général titulaire et archidiacre de Saint-Denys, en remplacement de M. Lequeux. Dans cette charge pleine de délicatesses et hérissée de difficultés, il se montra administrateur habile, ami des prêtres, bienveillant, rempli d'affabilité, sut faire aimer ses conseils, et, prenant pour principe de ne jamais heurter de front les obstacles, il jugea toujours qu'il vaut mieux les contourner que les vaincre. On le voit enfin remplir ses devoirs à la commune satisfaction du clergé et des archevêques.

Par acte du 10 octobre 1856, Mgr Sibour l'avait nommé son exécuteur testamentaire, et, comme pour le fiancer à l'Église de Paris, lui léguait son anneau pastoral. Trois mois après, le vénérable prélat tombait à Saint-Étienne du Mont sous le poignard sacrilége de Jean Verger. Le chapitre métropolitain nomma à l'unanimité comme vicaires capitulaires MM. les abbés Buquet, Surat et Darboy, et c'est ce dernier qui rédigea le mandement adressé au clergé et aux fidèles à l'occasion de la mort lamentable de l'archevêque, ainsi que le mandement du carême de cette même année 1857.

Mgr Morlot, en succédant à Mgr Sibour, n'avait rien changé à la position de l'abbé Darboy. C'étaient deux amis qui se retrouvaient, et l'estime et la bienveillance du cardinal-archevêque lui étaient complétement acquises. Confirmé dans ses fonctions, il reçut bientôt de lui des témoignages de confiance marquée.

Cependant Napoléon III, qui, souvent bien conseillé, savait juger et choisir les hommes, avait remarqué les talents administratifs du vicaire général de Paris. Aussi pria-t-il le cardinal Morlot de le désigner pour prêcher la station du carême de 1859 à la chapelle impériale du palais des Tuileries. Parler aux souverains est toujours une chose ardue, rappeler au monarque sur le trône ses devoirs de prince et ses devoirs d'homme et de chrétien, c'est là une difficulté bien grande, et le prêtre, en pareille occurrence, ne doit point oublier la grandeur et la sainteté de son ministère. Toutefois, s'il faut parler comme il sied à un prêtre, il faut parler aussi comme il convient de parler aux rois. L'abbé Darboy alla droit au cœur du problème : il entretint son auguste auditoire des grands devoirs de la vie chrétienne. Point de politique, point de hautes visées : des devoirs, des vertus, des mérites, la gloire, voilà quel fut son sujet. Cette simplicité évangélique fut généralement admirée; après sa dernière conférence, l'impératrice voulut féliciter elle-même le zélé prédicateur, et l'invita, de la part de l'empereur, à se présenter le lendemain à la cour. L'abbé Darboy eut en effet le mardi suivant une audience particulière de l'empereur, qui, après lui avoir adressé les compliments les plus flatteurs, lui offrit son portrait entouré de diamants. Napoléon III lui fit même alors pressentir que son estime ne s'arrêterait pas à de simples félicitations. On dit même qu'il fut question, sur la demande formelle du cardinal Morlot, de le nommer coadjuteur de Paris, et que son âge fut la seule objection qui fit abandonner ce projet.

A quelque temps de là, cependant, un décret impérial en date du 6 août 1859, sur le refus de M. l'abbé Obré, vicaire général de Beauvais, le nomma au siége épiscopal de Nancy, vacant par la translation de Mgr Menjaud à l'église métropolitaine de Bourges. Quelques jours auparavant, l'abbé Darboy, présidant la distribution des prix au collége Stanislas, y avait prononcé un discours remarquable, *sur l'éducation*, traitant ce sujet avec une profondeur de pensée et une chaleur de conviction qui émurent vivement son nombreux auditoire.

Préconisé dans le consistoire du 26 septembre suivant, il prêta serment le 13 novembre, entre les mains de l'empereur, dans la chapelle du château de Compiègne, et fut sacré le mercredi 30 du même mois, en vertu d'un indult apostolique, dans l'église métropolitaine de Notre-Dame de Paris, par S. Em. le cardinal Morlot, archevêque de cette ville, assisté de Mgr Tirmarche, évêque d'Adras *in partibus*, second aumônier de l'empereur, et de Mgr Amanthon, évêque de Mossoul, de l'ordre des Frères prêcheurs, délégué apostolique en Mésopotamie et en Perse. Mgr Coquereau, chanoine de premier ordre du chapitre impérial de Saint-Denys et aumônier de la flotte, M. Buquet, archidiacre de Notre-Dame, M. Surat, archidiacre de Sainte-Geneviève, les membres du chapitre de Paris, plusieurs curés de la capitale, un très-grand nombre de prêtres du clergé de toutes les paroisses, des députations des séminaires, de tous les ordres religieux et des communautés dont Mgr Darboy était le supérieur, se pressaient dans l'enceinte de la cathédrale, où l'on remarquait aussi une députation du chapitre et du clergé de Nancy, M. l'abbé Bourlier, curé de Fayl-Billot, ville natale du prélat, et plusieurs de ses anciens élèves du séminaire de Langres.

Le 6 décembre suivant, le nouvel évêque faisait son entrée solennelle à Nancy et prenait possession de son siége. La réputation de savoir et de piété du prélat était depuis longtemps connue, aussi lui fit-on une réception autant cordiale qu'enthousiaste. Ce jour même, Mgr Darboy monta en chaire, et voici le résumé de son allocution qui fut écoutée avec une faveur marquée :

« Merci à la ville de Nancy tout entière pour la sympathie qu'elle témoigne à son évêque. On m'avait dit beaucoup de bien de son clergé et de ses fidèles. Je vois que tout ce qu'on m'avait annoncé est au-dessous encore de la réalité. Merci donc à ces magistrats qui remplissent si bien leur mission de paix ; merci à ces représentants de notre belle armée. Merci à ces bons fidèles de tous rangs, de tous âges et de toutes conditions. Je leur apporte à tous dévouement, bonne volonté. Je désire vivement que ma venue au milieu d'eux leur porte bonheur. La ligne de conduite de votre évêque, ce sera la douceur unie à la fermeté. Fermeté dans les principes auxquels nous devons tous demeurer inébranlablement attachés, pour lesquels nous devons être prêts à sacrifier notre vie; mais douceur dans l'application, dans les moyens, confiance dans les collaborateurs, dans le Seigneur! »

Le lendemain mercredi 7 décembre, Mgr Darboy alla dire la messe à l'hôpital Saint-Charles, donnant ainsi sa première pensée aux pauvres malades et plaçant son épiscopat sous les auspices de la charité. Le même jour, il rendit visite aux familles de quelques pompiers qui avaient malheureusement péri pour le service public, et leur laissa, avec sa bénédiction, des témoignages de son intérêt et de sa générosité. Le 8 décembre, ce fut la maison des orphelines qui reçut la visite du prélat, puis le séminaire diocésain, où il présida la lecture spirituelle et le souper. Le dimanche 11, il se trouva à la fête de l'association de Saint-François-Xavier. La chapelle des Orphelines ne put contenir tous les fidèles qui désiraient recevoir les enseignements et les bénédictions de leur premier pasteur.

Après un discours de M. l'abbé Gridel sur la nécessité et la dignité du travail, le prélat donna à la classe ouvrière les conseils les plus sages et les plus appropriés à ses besoins religieux et moraux. Le jour suivant, il plaça son ministère épiscopal sous la protection de Notre-Dame de Bon-Secours, en célébrant le saint sacrifice dans ce vénéré sanctuaire.

Tels furent les premiers actes du nouvel évêque de Nancy et de Toul, qui, à l'occasion de son entrée dans ce diocèse, avait publié une magnifique lettre pastorale sur l'importante mission que l'Église confie à l'évêque. Quelques jours après, la sollicitude du prélat se portait vers les prisonniers. Ayant appris qu'une pauvre femme bien digne d'intérêt était détenue pour dettes, il s'empressa d'envoyer au directeur de la prison la somme nécessaire à cette femme pour satisfaire son créancier, regagner sa demeure et y trouver du pain en arrivant. Dans cette visite, quelques artistes poëtes et musiciens (il y a aujourd'hui partout des artistes, même sous les verrous) avaient fait hommage de leurs œuvres à Mgr Darboy. Le prélat chargea également le directeur de la prison de leur distribuer une somme d'argent assez ronde, en leur témoignant l'expression de sa gratitude.

Le dimanche 29 janvier 1860, Mgr Darboy prenait possession de sa cathédrale de Toul, et grande fut l'émotion des nombreux fidèles lorsque le vénérable curé, M. l'abbé Georges, évoquant des souvenirs antiques et sacrés, appela la bénédiction des saints évêques de Toul sur leur digne successeur. Il n'est point possible d'exprimer l'empressement des fidèles. Comme à Nancy, tous voulaient voir, tous voulaient entendre l'envoyé du Seigneur ; tous se courbaient sous sa main. La cathédrale de Toul, malgré ses proportions colossales, était à peine suffisante pour contenir la foule. La veille, Mgr Darboy avait visité les communautés religieuses et les divers établissements ; partout sa parole avait été un enseignement pour l'intelligence, un encouragement pour la volonté.

Lunéville reçut, le dimanche suivant, la visite de son premier pasteur. Là aussi, entre les offices religieux, Mgr Darboy trouva le moyen d'accorder de précieux instants aux écoles et aux établissements charitables. Il parcourut ensuite les principales villes du diocèse, sans être arrêté par la rigueur de la saison, et partout distribua à de nombreux fidèles avides de l'entendre, le pain de la parole sainte.

A la première nouvelle des massacres de Syrie en 1860, l'évêque de Nancy et de Toul adressa un chaleureux appel à ses diocésains, en faveur des chrétiens de ce pays, et ordonna, par sa circulaire, qu'une quête serait faite, le dimanche 5 août, dans toutes les églises et chapelles du diocèse. Après la bataille de Castelfidardo et l'invasion des États pontificaux par les troupes piémontaises, Mgr Darboy publia un mandement prescrivant des prières pour le souverain pontife.

Dans ce même mandement, Mgr Darboy annonça que la liturgie romaine, dont l'adoption avait été décidée et préparée par Mgr Menjaud, son prédécesseur, serait mise en vigueur dans le diocèse de Nancy, à partir du 1er janvier 1861, et serait strictement obligatoire, tant pour l'office public que pour l'office privé.

Le 1er mai 1861, l'évêque de Nancy et de Toul se trouvait à Paris et était un des prélats assistant S. Em. le cardinal Morlot, dans la cérémonie du sacre de Mgr Ravinet, évêque élu de Troyes, l'un de ses anciens collègues au chapitre métropolitain de Paris et au conseil archiépiscopal. Le 22 octobre de cette année, il fit à Notre-Dame de Sion un pèlerinage qui fut une véritable fête pour les populations des paroisses voisines. Plus de trois mille pèlerins l'accompagnèrent et visitèrent avec lui le sanctuaire de la très-sainte mère de Dieu. Au mois de novembre, il fit, en présence d'un grand nombre de membres du clergé du diocèse et des principales autorités de Nancy, la bénédiction solennelle du grand orgue de sa cathédrale, construit par M. Cavaillé-Coll, de Paris. Dès qu'il eut appris, au mois de décembre, la mort de Mgr Menjaud, archevêque de Bourges, il publia une touchante lettre pastorale pour rendre hommage aux vertus de son prédécesseur et pour annoncer qu'un service solennel serait célébré en sa mémoire, le 19 décembre, dans la cathédrale de Nancy. En ce même mois, il adressa à son clergé une circulaire sollicitant des prières et des secours en faveur du pape. Conformément à cette circulaire, des quêtes furent faites dans toutes les églises du diocèse, le jour de Noël, pour le souverain pontife, et elles devaient être renouvelées le jour de la Pentecôte, en 1862.

L'évêque de Nancy et de Toul prit pour sujet de son mandement du carême de 1862, *les fins dernières*, et s'y éleva aux plus hautes considérations. Possédant à fond l'art si difficile de connaître les hommes et les affaires, il avait pris en main l'administration du diocèse, sans se laisser ni circonvenir par les empressements, ni entraver par les résistances. Il fit nécessairement des mécontents, mais on ne tarda pas à rendre justice à ses vues, et comme on l'avait toujours estimé, on l'aima bientôt. Mgr Darboy rétablit dans le diocèse de Nancy les conférences ecclésiastiques, et, si des motifs de santé ne lui permirent pas de se rendre à l'invitation du souverain pontife pour la canonisation des martyrs du Japon, en juin 1862, il fut un des premiers à adhérer à l'adresse de l'épiscopat catholique, et c'est avec une véritable joie qu'il transmit au saint-père celle du clergé du diocèse de Nancy.

Mgr Darboy était venu à Paris pour assister à la cérémonie des obsèques de S. Em. le cardinal Morlot, lorsqu'à son retour à Nancy il trouva une dépêche qui, en lui demandant son consentement, lui apprenait que les vues de l'empereur s'étaient portées sur lui pour le donner comme successeur au regretté cardinal. Avant qu'il eût fait connaître ses intentions au gouvernement, un décret impérial du 10 janvier 1863 le nommait à l'archevêché de Paris. Sa nomination, accueillie avec sympathie, fut un adoucissement à la douleur universelle qu'avait provoquée la perte du vertueux prélat défunt. « L'évêque de Nancy, dit alors un grand journal de la capitale, est un saint prêtre que sa piété, sa haute raison, son énergie et son impartialité rendent de tous les points digne de la haute position à laquelle il vient d'être appelé. »

Le 16 de ce même mois, l'archevêque nommé adressait au clergé du diocèse de Nancy une circulaire en faveur des ouvriers rouennais sans travail et sans pain, et ordonnait pour le 25 janvier une quête dans les églises et les chapelles du diocèse. Cette dernière quête produisit 20,550 francs. La circulaire qui la prescrivait ne réclamait des secours que pour les ouvriers de la Seine-Inférieure ; mais d'autres départements ayant fait entendre aussi leur cri de détresse, il parut nécessaire à Mgr de Nancy d'en tenir compte, et il ne crut pas s'écarter de l'intention des généreux donateurs en distribuant les fonds de la manière suivante : 15,000 francs à Mgr de Bonnechose, archevêque de Rouen ; 1,000 francs à la paroisse de Radonviller, au diocèse de Nancy ; 2,550 francs à Mgr Rossat, évêque de Verdun, pour les ouvriers de Bar-le-Duc, et enfin 2,000 francs à Mgr Ravinet, évêque de Troyes.

Mgr Darboy fut préconisé dans le consistoire du 16 mars 1863, et dès lors il n'y eut, pour ainsi dire, qu'une voix sur tous les regrets qu'il laissait dans un diocèse où, en moins de trois ans, il avait conquis tous les suffrages et où il avait fait un bien considérable. On trouve une preuve irréfragable de la confiance et de la sympathie qu'il avait su inspirer à ses diocésains dans le résultat des diverses quêtes qu'il avait paru convenable au prélat de prescrire, et qui, outre celle pour les ouvriers sans travail, et, en 1860, celle pour les chrétiens de Syrie, produisirent 23,500 francs, envoyés à leur destination par le ministère des affaires étrangères, et en 1860, 1861 et 1862, les cinq quêtes pour le souverain pontife, une somme totale de 100,020 francs, remise à la nonciature apostolique de Paris.

Bien que dégagé des liens qui l'attachaient à l'Église de Nancy et de Toul, Mgr Darboy, ainsi qu'il résulte d'une circulaire adressée, le 8 avril 1863, à tous les ecclésiastiques, administra, comme délégué apostolique, le diocèse de Nancy jusqu'à l'installation de Mgr Lavigerie, son successeur sur ce siége. Le dimanche 12 avril, il prêta serment entre les mains de l'empereur, dans la chapelle du palais des Tuileries, et reçut le même jour le chapitre de l'église métropolitaine.

Après avoir reçu le pallium, le dimanche 19 avril 1863, en la chapelle des Lazaristes, rue de Sèvres, des mains de S. Exc. Mgr le prince Chigi, archevêque de Myre et nonce apostolique, l'archevêque élu fut solennellement intronisé le mercredi 22 de ce même mois, fête de l'Invention des corps de saint Denys et de ses compagnons, presque à la même date que celle de l'intronisation de son prédécesseur le cardinal Morlot, de si sainte et si vénérée mémoire. Touchante coïncidence et qui doublait de prix par ce fait que le cardinal appréciait plus que personne les vertus et toute la valeur de son ancien vicaire général, qu'il avait contribué puissamment à son élévation épiscopale, et qu'à ses derniers moments, il avait exprimé le vœu de l'avoir pour successeur sur le siége de Paris, qui lui était si bien connu et où il avait laissé les plus honorables et les plus sympathiques souvenirs. A la cérémonie de son installation on remarquait Mgr Dupanloup, évêque d'Orléans, son suffragant; Mgr de la Bouillerie, évêque de Carcassonne; Mgr Alouvry, ancien évêque de Pamiers; Mgr Tirmarche, évêque d'Adras *in partibus*, aumônier de l'empereur; Mgr Maret, évêque de Sura *in partibus;* Mgr de Charbonnel, ancien évêque de Toronto, Mgr Lavigerie, évêque de Nancy; Mgr Trioche, archevêque de Babylone; Mgr Valerga, patriarche de Jérusalem, et plusieurs autres prélats et fonctionnaires de l'ordre ecclésiastique et civil. Le lendemain, fête de saint Georges, martyr, son patron, il célébra la messe capitulaire à Notre-Dame.

La première lettre pastorale qu'il publia à l'occasion de son arrivée dans le diocèse est datée du 19 avril, dimanche du Bon-Pasteur. Nous n'en citerons que le commencement :

« Nous venons à vous, nos très-chers frères, avec l'amour du travail sur la foi de la Providence; car c'est Dieu qui mène les hommes dans leur vocation en leur demandant d'y correspondre avec courage, et ils n'y peuvent réussir que si la grâce divine éclaire et soutient leur activité laborieuse et dévouée.

« Ce qui nous a valu l'honneur d'être nommé votre archevêque, nous ne le savons pas; peut-être les intentions et les actes du vénéré cardinal Morlot y sont-ils pour quelque chose. En ce cas, sa mémoire est un titre dont nous réclamons le glorieux bénéfice. Que le reflet de ses vertus nous couvre donc et nous protége! Que son nom respecté nous accrédite auprès de ceux qui furent ses enfants! Et vous, nos très-chers frères, reportez généreusement sur nous les sympathies qui l'ont entouré vivant et qui l'ont suivi jusque dans la mort, en mettant des regrets dans tous les cœurs.

« Pour nous, appelé par le choix de l'empereur et l'institution canonique du souverain pontife à prendre sur le siége de Paris la place du sage et pieux archevêque, nous voulons continuer son œuvre, et autant qu'il est possible, avec les différences du caractère personnel, la continuer par les mêmes moyens. »

Conformément aux traditions constamment suivies par ses prédécesseurs, Mgr Darboy voulut consacrer aux malades de l'Hôtel-Dieu sa première visite pastorale. Il parcourut les salles, portant à tous des paroles de consolation et d'encouragement, s'adressant avec bonté non-seulement aux malades les plus affligés, mais encore à tous ceux qui les soulagent et les servent. Après avoir visité l'antique chapelle de Saint-Julien le Pauvre et la communauté des sœurs de Saint-Augustin, le prélat quitta l'hôpital, laissant les malades et les personnes qui l'avaient approché, heureux de sa sollicitude et de sa bienveillance.

Le 28 mai, Mgr Darboy présida la cérémonie de la confirmation en l'église Saint-Etienne du Mont, et le dimanche 31 du même mois, il honora de sa visite la paroisse de Drancy, où il bénit une nouvelle nef ainsi qu'un autel, administra également la confirmation et présida au pèlerinage annuel des patronages dans cette église. Il continua les jours suivants ses visites, et à cette époque autorisa l'érection d'une succursale sur le territoire que forme l'île Saint-Denys. Cette succursale fut provisoirement établie dans une chapelle en attendant la construction d'une église définitive. Le mercredi 12 août, il bénit l'église de Notre-Dame à Vincennes, et par un décret impérial du 6 de ce mois, il fut nommé membre du comité supérieur chargé, sous la présidence de l'impératrice, de surveiller et de contrôler les opérations, tant administratives que financières, de la caisse des offrandes nationales en faveur des armées de terre et de mer. Il bénit, le 6 septembre suivant, une chapelle construite au lieu dit Malakoff, en la paroisse de Vanves, pour procurer la facilité de remplir leurs devoirs religieux aux fidèles de cette portion de la paroisse, devenue considérable. Peu de jours après, il accepta la présidence d'honneur du conseil de l'œuvre de l'Adoption, et voulut bien dans ce titre voir une des plus douces charges de la succession de son digne prédécesseur. Le 14 septembre, fête de l'Exaltation de la sainte croix, le village de Creteil recevait la visite de l'archevêque de Paris, qui y fit la consécration d'un autel nouvellement érigé dans l'église paroissiale. Après la messe, le prélat monta en chaire et adressa à une foule nombreuse une allocution touchante dans laquelle il fit ressortir la signification de la cérémonie sainte qui venait de s'accomplir.

Par une circulaire du 15 septembre 1863, Mgr Darboy autorisa la publication dans le diocèse des lettres apostoliques données le 18 août précédent, par lesquelles Sa Sainteté Pie IX a décoré à perpétuité du titre d'*archiconfrérie*, ainsi que de toutes les facultés, droits et priviléges attachés à ce titre, et a enrichi de plusieurs indulgences à gagner en la forme accoutumée, une pieuse confrérie approuvée et canoniquement érigée dans l'église de Saint-Joseph, à Paris, en l'honneur et sous le titre de Saint-Joseph pour la conversion des pécheurs, surtout de ceux qui sont pauvres, malades et abandonnés.

Le 20 de ce mois s'ouvrit au séminaire de Saint-Sulpice la retraite ecclésiastique diocésaine, qui eut un caractère tout spécial. C'était la première que devait présider Mgr Darboy depuis son élévation sur le siége archiépiscopal de Paris, et si l'ancien vicaire général était connu, il y avait, dans les circonstances particulières à son élévation, un élément de nouveauté que l'on était aise d'apprécier. Mgr Darboy apparut avec les qualités qu'on lui connaissait, il en révéla même d'inconnues; la parole du poëte est vraie pour lui : *Aliusque et idem* « C'est le même et c'est un autre. » Même élévation de pensées, même vigueur de parole, même précision d'action; mais l'accent pastoral, la voix émue, le langage le plus vrai de la piété et du dévouement, le zèle épiscopal, on pouvait augurer tout cela : ceux qui connaissaient davantage l'homme n'en doutaient pas, mais enfin, le grand nombre, et c'est le grand nombre qui formule son avis, n'avait pas encore vu cette manifestation radieuse et touchante. Le prélat s'était réservé la conférence de l'après-midi. Dès son début, et avec une grâce vraiment charmante, il rappela son passé, les hommes qui l'avaient connu, qui avaient été au-dessus de lui et auxquels il venait demander un loyal concours pour la gloire de Dieu et le bien de l'Église. Rien ne peut rendre le charme de détails et de parole avec lequel Mgr Darboy s'empara tout d'abord de son auditoire et conquit l'attention universelle. On doit regretter que cette parole ne reste pas écrite pour l'instruction de tous. La discipline, la hiérarchie, les études ecclésiastiques, la parole parlée ou écrite, les œuvres de charité, la subordination, voilà les sujets traités par l'archevêque, non pas dans leur généralité, mais au point de vue de l'importance spéciale du ministère à Paris, qui exerce une prépondérance irré-sistible sur le reste de la France, et par conséquent sur le monde. L'archevêque traça un magnifique tableau de la hiérarchie de l'Église, Sa Sainteté le pape au sommet, et tous furent émus des paroles de dévouement au vicaire de Jésus-Christ qui résumaient, avec la précision théologique et l'élan filial, les sentiments de tous pour le saint-père; les évêques, successeurs des apôtres, gardiens de la foi, premiers pasteurs des diocèses, les curés, pasteurs ordi-naires et légitimes. Il déclara, de la manière la plus formelle, qu'il entendait se mouvoir d'après les grandes règles tracées par l'É-glise, et qu'en tendant une main loyale et fraternelle à tous les concours et à tous les auxiliaires dont il reconnaissait les services, il était résolu à maintenir fermement la juridiction, l'autorité des vicaires généraux, des curés, qui, d'après le droit canonique, c'est-à-dire d'après l'Église, représentent l'Église dans la paroisse, qui doit être le centre de la religion et des bonnes œuvres. Il fit une admirable peinture de l'énergie et de l'influence des curés de Paris à l'époque des grandes luttes du protestantisme, et du dévouement dans tous les temps du clergé de l'Église de France à l'unité catho-lique. L'archevêque, à propos des études ecclésiastiques, parla des séminaires, des conférences, de l'école des Carmes, de la Sorbonne, des grades théologiques; son attention se porta, et d'une manière spéciale, sur les séminaires : l'école des Carmes a déjà rendu de signalés services, elle en rendra encore; les chaires de la Sorbonne sont remplies par des hommes pleins de talents et de zèle : les grades théologiques n'ont pas, il est vrai, la valeur canonique qu'ils avaient autrefois, c'est-à-dire qu'ils ne confèrent pas, comme autrefois, un droit à tel ou tel bénéfice, à tel ou tel collateur; mais n'ont-ils pas toujours leur valeur morale, comme certificat de bonne volonté, de capacité, d'études suivies, sous l'œil de l'évêque diocé-sain? et il déclara qu'autant que les nécessités administratives ou la force des choses le permettraient, il y aurait égard aussi grand, aussi fructueux que possible. Il exhorta donc les jeunes ecclésias-tiques à s'y préparer, non par mobile de gloire ou de lucre, mais pour honorer leur ministère et forcer les ennemis à l'honorer.

Dans la discipline actuelle, les conférences sont une des ma-nières par lesquelles l'Église constate la science du prêtre. Mgr

Darboy exhorta donc vivement au travail des questions proposées tous les ecclésiastiques, et prit l'engagement de suivre d'un œil attentif des conférences dont les programmes seraient tracés avec soin et les procès-verbaux fidèlement conservés. La manière d'annoncer la parole de Dieu dans les chaires publiques, dans les catéchismes, dans les œuvres de zèle et de charité, attirèrent aussi l'attention du prélat. Il faut toujours accepter le concours des laïques pieux, mais il ne faut pas toujours accepter leur direction : bien des œuvres ou dégénèrent ou vous conduisent on ne sait où, parce que le sacerdoce de Jésus-Christ, la bénédiction du prêtre de Jésus-Christ n'y est pas, ou qu'avec des apparences de respect extérieur il n'y a pas foi à ce principe qu'on n'élève rien de durable sans le sacerdoce de Jésus-Christ, représenté dans toute l'Église par notre saint-père le pape, dans le diocèse par l'évêque, dans la paroisse par le curé.

Mgr Darboy trouva d'énergiques accents pour exciter le prêtre à l'étude; puis, par un retour soudain, une éloquence pleine de douceur et de tristesse, il rappela que Notre-Seigneur Jésus-Christ avait été outragé par un échappé de ce sanctuaire dans lequel se trouvait réuni le clergé de Paris, et il exhorta ses prêtres à écrire la vie de Jésus par leurs vertus et leurs œuvres : c'était la meilleure manière de réfuter un livre qui faisait compassion aux anciens condisciples de l'écrivain, dont ils connaissaient tous la faible logique, et qui n'était fort que de la faiblesse du temps. Quand l'archevêque traita ce triste sujet, un murmure de douleur s'éleva, et ce cri du cœur du clergé de Paris est un sûr garant qu'en France jamais le succès des déserteurs ne fut long.

Il aurait été désirable que les paroles de Mgr Darboy eussent été conservées, et ce que nous disons ici ne peut qu'indiquer légèrement la gravité, l'importance, l'intérêt de cette première retraite.

Le 11 octobre, l'archevêque de Paris présida la bénédiction d'un chemin de croix, dans la chapelle de la maison de Sainte-Périne, place d'Aguesseau, à Paris (Auteuil), et le jeudi 29 de ce même mois, il consacra la nouvelle église dite Notre-Dame de Clignancourt, dont le préfet de la Seine, M. le baron Haussmann, lui fit la remise officielle. Mgr Darboy eut la satisfaction de conférer, le lundi 30 novembre, dans son église métropolitaine, l'onction épiscopale à l'un de ses anciens collègues, alors son vicaire général, le vénérable abbé Louis-Charles Buquet, évêque élu de Parium *in partibus*. Huit jours après (7 décembre), il présida à la Sorbonne l'ouverture des cours de la faculté de théologie, et, dans une brillante et chaleureuse improvisation, émut vivement les professeurs et le public nombreux qui se pressait dans la chapelle. Comme il conférait les saints ordres dans l'église de Saint-Sulpice, le samedi 19 décembre, Mgr Darboy, succombant à la fatigue de la cérémonie, se trouva assez sérieusement indisposé pour ne pas pouvoir continuer l'ordination. Quelques jours de repos devinrent alors nécessaires; mais, toutefois, il ne fut pas possible au prélat de faire, un mois après, en personne cette ordination qu'il avait commencée. Enfin, l'archevêque de Paris ne voulut point terminer cette année sans rappeler à ses diocésains les besoins de la papauté. Il adressa, le 28 décembre, aux curés du diocèse une circulaire où, rappelant celles de S. Ém. le cardinal Morlot en date des 24 novembre 1860, 1er décembre 1861 et 25 novembre 1862, il fixait au dimanche 17 janvier 1864 la quête à faire pour le denier de Saint-Pierre.

Un décret impérial en date du 8 janvier 1864 appela Mgr Darboy aux fonctions de grand aumônier, précédemment occupées par feu le cardinal Morlot. Le 31 de ce mois, il publia son premier mandement pour le saint temps du carême. Ce mandement, d'une assez grande étendue, est un magnifique et savant traité sur la divinité de Notre-Seigneur Jésus-Christ, alors si outragée par M. Ernest Renan. Il fut lu avec avidité, et au magnifique spectacle qu'offrait, le jour de Pâques, l'église métropolitaine, où plus de six mille hommes recevaient la sainte communion, on pouvait se demander : « Où sont les sectateurs gagnés par M. Renan ? Quelles sont les désertions qui se sont faites dans les rangs catholiques ? »

Le mercredi 20 avril, l'archevêque de Paris bénit la première pierre de la nouvelle église paroissiale qui devait être construite à Saint-Denys, et fut installé, le même jour, par Mgr Chigi, nonce apostolique, en qualité de primicier du chapitre impérial de cette ville. Frappé des tendances de nos contemporains à chercher dans l'étude des monuments orientaux le dernier mot du problème religieux et à le chercher par l'Allemagne, le pays des études trop souvent nébuleuses et sans conclusion, mais toujours fortes, Mgr Darboy jugea qu'il était bon de prendre là aussi, puisque Dieu les y a mis, les éléments de l'apologétique catholique et de la défense de la foi contre un rationalisme envahissant. Il décida donc que de jeunes prêtres de son diocèse, les plus distingués par le talent et l'éducation littéraire, seraient envoyés chaque année régulièrement en Allemagne, pour y former un noyau de savants hébraïsants, de doctes orientalistes, aptes à devenir à la Sorbonne des professeurs de premier mérite. Ils s'initieront en outre à la philosophie agitée qu'on suscite contre l'Église avec une obstination que rien jusqu'ici n'a découragée, et ils seront par là mieux placés pour la combattre par elle-même. L'université de Tubingue reçut à la fin de mai le premier ecclésiastique choisi pour cette honorable mission, M. l'abbé Vollot, un lauréat des grands concours, alors vicaire à Saint-Thomas d'Aquin.

La vieille basilique de Maurice de Sully et de ses successeurs était à peu près entièrement restaurée; déjà avaient disparu toutes traces des dégradations que les siècles et les événements avaient fait subir à ce monument national et populaire du moyen âge. Il fallait songer à faire couler sur ses pierres l'eau bénite et le saint chrême de l'Église. C'était à Mgr Darboy que cette consolation était réservée, et la consécration de Notre-Dame ne sera pas le fait le moins important de son pontificat. Par une remarquable lettre pastorale du 25 mai 1864, lue le dimanche 29, dans toutes les églises du diocèse, il fixa au 31 de ce mois, jour de la clôture du mois consacré à la reine du ciel, cette imposante cérémonie qui semble résumer en elle toutes les beautés, toutes les pompes du catholicisme. Ce jour-là en effet s'accomplit cette solennité dont tous les détails furent réglés avec autant de soin que d'habileté par M. le chanoine Églée, maître des cérémonies du chapitre, et qui laissera de profonds souvenirs dans les annales de la province ecclésiastique de Paris. Mgr Georges Darboy fut assisté dans cette consécration de NN. SS. Emmanuel-Jules Ravinet, évêque de Troyes, et François-Marie-Joseph le Courtier, évêque de Montpellier. Les autres évêques présents étaient NN. SS. Laurent Trioche, archevêque de Babylone; Auguste Allou, évêque de Meaux; Louis-Jean-Marie-Guy Alouvry, ancien évêque de Pamiers; Louis-Théophile Pallu du Parc, évêque de Blois; Honoré Tirmarche, évêque d'Adras *in partibus*, aumônier de l'empereur; Amand-Réné Maupoint, évêque de Saint-Denys (île Bourbon); Henri-Louis-Charles Maret, évêque de Sura *in partibus;* Louis-Eugène Regnault, évêque de Chartres; Louis-Charles Buquet, évêque de Parium *in partibus;* Charles-Martial Allemand-Lavigerie, évêque de Nancy. Mgr Félix-Antoine-Philibert Dupanloup n'arriva que vers la fin de la cérémonie. Mgr Ravinet célébra la messe qui la suivit et pendant laquelle la maîtrise de Notre-Dame fit entendre la belle prose de la dédicace, enfin Mgr Pallu du Parc consacra l'autel de la sainte Vierge, derrière le chœur.

Trois ans après, Mgr Darboy, sur l'invitation spéciale qu'il en avait reçue du souverain pontife, se rendit à Rome pour y prendre part aux fêtes solennelles du dix-huitième centenaire du martyre de saint Pierre. Le saint-père l'accueillit avec une bonté toute paternelle et le nomma, le 17 juin 1867, prélat assistant au trône pontifical. L'archevêque de Paris revint en 1869 dans la ville éternelle pour les travaux du concile œcuménique du Vatican. Il y fit partie de la minorité qui ne jugeait pas encore opportune la proclamation du dogme de l'infaillibilité papale; mais, après la décision suprême des Pères du concile, il ne tarda pas à donner son adhésion.

Quand il revint au mois d'août 1870 dans son diocèse, déjà la France avait engagé avec l'Allemagne cette guerre qui lui a été si fatale, et bientôt le vénérable prélat eut la douleur de voir son diocèse ravagé par les troupes ennemies, et sa ville métropolitaine subir les horreurs d'un siége douloureux de près de cinq mois. Il en partagea toutes les souffrances, s'abstenant cependant de prendre la plus petite part aux affaires politiques et à la commotion dans laquelle l'empire s'était en quelques jours effondré.

En février 1871, la paix commençait à donner à la France une nouvelle vie, et, malgré les revers affreux qui l'avaient accablé, le pays se disposait à reprendre son rang parmi les nations, lorsque le 18 mars éclata l'insurrection la plus terrible et la plus hideuse que les pages de l'histoire du monde eussent jamais enregistrée. L'archevêque de Paris devait en être la principale victime.

Arrêté dans son palais le mardi saint 3 avril, par ordre des membres de la prétendue Commune de Paris, il fut, avec un grand nombre de ses prêtres, conduit à la conciergerie, sous le prétexte de conspiration et d'intelligence avec le gouvernement de Versailles. Le délégué à la préfecture de police, Raoul Rigault, fit subir au prélat un grossier interrogatoire à la suite duquel il ordonna sa translation dans la prison cellulaire de Mazas.

Paris et la France s'émurent du traitement infligé à Mgr Darboy, et la télégraphie et la presse attribuèrent à l'initiative de M. de Bismarck des démarches auprès de la commune de Paris pour obtenir sa délivrance. Or c'était le pape Pie IX lui-même qui avait entrepris ces démarches en ordonnant à S. Exc. Mgr le prince Flavio Chigi, son nonce apostolique en France, d'intéresser les représentants des puissances dans cette affaire. Se conformant aussitôt aux volontés du souverain pontife, Mgr Chigi alla trouver lord Lyons, ambassadeur d'Angleterre, lequel exprima, dans les termes les mieux sentis, la satisfaction qu'il éprouverait en faisant une chose agréable au pape; mais, après avoir pris ses informations, lord Lyons reconnut son impuissance et déclara tristement qu'il se trouvait hors d'état de protéger ses propres compatriotes dans Paris.

Sur ces entrefaites, le nouveau ministre des États-Unis, M. Washburne, présentait à Versailles ses lettres de créance à M. Thiers. Le nonce s'empressa d'aller à lui, et il en reçut le meilleur accueil. A peine entré à Paris, le représentant américain demanda une audience au *général* Cluseret, délégué de la commune au ministère de la guerre, et ce dernier, flatté de recevoir un personnage, commença par lui faire octroyer la faculté de voir le prisonnier à Mazas. En quelle situation le ministre des États-Unis trouva-t-il Mgr Darboy? Les journaux en ont révélé quelque chose. En proie à la tristesse, courbé par la souffrance, amaigri, la barbe longue, les vêtements en désordre, nourri du pain noir et du brouet nauséabond de la commune : tel apparut l'archevêque au regard compatissant du ministre. Le prélat lui fit l'histoire de son arrestation et des mauvais traitements infligés aux prêtres de son diocèse et à lui-même; les us de la Chine et du Japon pratiqués par les ignobles communeux. Du moins, les mandarins ne tourmentent pas les missionnaires catholiques au nom de la *liberté* et du *progrès*.

Nous ne savons pas encore d'une manière certaine si les démarches du ministre des États-Unis amenèrent quelque adoucissement à la situation de l'archevêque de Paris ; mais nous sommes assuré qu'il adressa à son gouvernement une note communiquée à Rome, où il dit combien il se sent honoré de remplir une mission agréable au pape et dans laquelle il lui est donné de montrer que les États-Unis savent revendiquer les droits de la justice et de l'honneur indignement méconnus et foulés aux pieds par des hommes vils, sans pudeur et sans foi.

En arrêtant comme otages Mgr Darboy et les principaux membres du clergé de Paris, les hommes qui ont prétendu, à la face de l'Europe, entreprendre une œuvre de régénération et de paix, les chefs de la commune sentaient bien qu'ils tenaient là une proie magnifique, et que l'horreur de l'exécution de personnages si considérables et si distingués serait pour eux-mêmes un triomphe. C'est la théorie de Tropmann appliquée au crime politique. Aussi ceux des écrivains de la commune qui ont montré le plus de scepticisme en poussant le peuple à l'orgie révolutionnaire ont-ils été les premiers à demander l'exécution de Mgr Darboy et de M. l'abbé Deguerry, curé de la Madeleine, les deux sommités du clergé parisien. Henri Rochefort, dans son *Mot d'ordre,* et Eugène Vermersch, dans son ignoble *Père Duchêne,* ont réclamé à plusieurs reprises leur assassinat. Au fur et à mesure que les fédérés subissaient des échecs, les menaces de mort contre ces vénérables prisonniers prenaient plus de force.

Dès le lundi 22 mai 1871, c'est-à-dire le lendemain de l'entrée de nos troupes dans Paris, les ecclésiastiques qui étaient à Mazas, ainsi que M. Bonjean, sénateur, président du conseil d'État, furent transférés à la Roquette. Le voyage d'une prison à l'autre s'effectua en plein jour, dans une voiture à claire-voie, au milieu d'une foule ivre qui hurlait : *A mort, à mort !* Disons tout de suite que ces menaces n'épouvantaient plus les victimes, qui étaient préparées à tout. Arrivées à la Roquette, elles y passèrent près de deux journées assez tranquilles. On leur laissa la liberté de se voir entre elles, et les geôliers, qui, pour la plupart, appartenaient à l'ancienne administration, leur montrèrent le plus d'égards possible.

Mgr Darboy fut placé dans la cellule n° 21 de la 4e division, autrefois le cabinet d'un surveillant ; ses compagnons de captivité parvinrent à lui procurer une table et une chaise. Cette cellule était elle-même plus vaste que les autres. Le mercredi 24 mai, à sept heures et demie du soir, le directeur de la prison, un certain Lefrançais, homonyme d'un membre de la commune, et ayant séjourné au bagne pendant six années, monta dans la prison à la tête d'une cinquantaine de fédérés pris dans les 181e et 206e bataillons, parmi lesquels se trouvait un pompier, et occupa la galerie dans laquelle étaient enfermés les principaux prisonniers. Ces fédérés se rangèrent dans la galerie qui conduit au chemin de ronde du nord, et peu d'instants après, un brigadier de surveillants alla ouvrir la cellule de l'archevêque et l'appela à voix basse. Le prélat répondit d'une voix ferme : *Présent !* Puis il passa à la cellule de M. le président Bonjean ; puis ce fut le tour de M. l'abbé Allard, membre de la Société internationale de secours aux blessés ; le P. du Coudrai, de la compagnie de Jésus, supérieur de l'institution Sainte-Geneviève, rue Lhomond, 18 ; le P. Clair, de la même compagnie. Enfin, le dernier appelé fut M. l'abbé Deguerry, le charitable curé de la Madeleine. A peine leur nom était-il prononcé que chacun des prisonniers était amené dans la galerie et descendait dans l'escalier conduisant au chemin de ronde. Sur les deux côtés se tenaient les gardes fédérés, insultant les prisonniers et leur lançant des épithètes que nous ne saurions reproduire. Les nobles martyrs furent ainsi accompagnés par les huées de ces misérables jusqu'à la cour qui précède l'infirmerie, où se trouvait un peloton d'exécution.

Mgr Darboy s'avança, et s'adressant à ses assassins, il leur adressa quelques paroles de pardon. Deux de ces hommes s'approchèrent alors du prélat, et devant leurs camarades s'agenouillèrent et implorèrent son pardon. Les autres fédérés se précipitèrent vers eux et les repoussèrent en les accablant d'insultes, puis se retournant du côté des prisonniers, ils leur prodiguèrent de nouvelles injures. Le commandant du peloton en fut outré ; il fallait donc que ce fût bien exagéré. Il imposa silence à ces hommes, et après avoir lancé un épouvantable juron : « Vous êtes ici, dit-il, pour fusiller ces gens-là, et non pour les eng...... » Les fédérés se turent, et sur le commandement de leur chef, ils chargèrent leurs armes.

L'abbé Allard fut placé contre le mur et frappé le premier ; puis Mgr Darboy tomba à son tour. Les six victimes furent ainsi fusillées et montrèrent toutes le plus grand calme et le plus grand courage. L'archevêque ne paraît pas être tombé dès le premier coup de feu, et il fut, dit-on, achevé par un monstre portant les galons de capitaine, et qui lui tira à bout portant un coup de revolver. Après cette tragique exécution faite sans jugement, sans procès-verbal, et en présence seulement d'un délégué de la commune et d'une cohue de bandits qui n'eurent à manifester d'autres sentiments que de révoltants outrages, les corps de ces illustres victimes furent sans aucun respect entassés dans une voiture de la compagnie de Lyon réquisitionnée à cet effet, et conduits au cimetière du Père-Lachaise, où ils furent jetés dans la dernière tranchée de la fosse commune, à côté les uns des autres, sans même qu'on prît soin de les couvrir de terre. C'est là qu'ils séjournèrent jusqu'au dimanche 28 mai, jour de la Pentecôte, après la prise du cimetière par les troupes.

Ce jour-là, des cercueils purent recevoir les dépouilles de ceux que la commune avait si lâchement et si atrocement assassinés. Le visage de Mgr Darboy avait disparu à moitié sous une couche de terre. Il fallut le débarrasser avec précaution de cette boue san-glante pour retrouver, non sans peine, les traits et l'expression du saint prélat. La barbe que Mgr Darboy avait laissée croître depuis deux mois contribuait encore à le rendre méconnaissable. Les vête-ments qu'il portait au moment de sa mort, et qu'on lui avait laissés dans cette inhumation précipitée et incomplète, étaient souillés et sanglants.

On constata que trois coups de feu avaient frappé l'archevêque de Paris, deux dans la région de la poitrine, à droite ; un troisième un peu plus bas, à gauche. Deux des plaies ont été faites par des balles de chassepot, l'autre a paru avoir été faite par la balle d'un fusil à tabatière.

Le pouce et l'index de la main droite ont été broyés, à moitié enlevés. Il semble que le vénérable prélat, au moment de recevoir le coup mortel, ait porté la main droite en avant, dans l'attitude du martyr bénissant ses bourreaux.

Cela s'accorde d'ailleurs avec le témoignage d'un de ses compagnons de captivité, qui a entendu et distingué sa voix jusqu'au dernier moment.

La blessure de la main s'expliquerait ainsi, et aurait été produite par un des projectiles qui ont frappé la poitrine.

La face avait subi un gonflement notable dû à un commencement d'emphysème. De larges plaques d'un rouge brun, indiquant un certain degré d'altération cadavérique, avaient envahi le front et les tempes. Le liquide de l'embaumement les a promptement fait disparaître.

L'embaumement a été laborieux, difficile. Les projectiles avaient sans doute ouvert quelques gros vaisseaux, le cœur peut-être. On a dû multiplier sur plusieurs des principaux troncs artériels les opérations destinées à assurer une pénétration suffisante et efficace du liquide conservateur.

Apporté à l'archevêché dans la journée du dimanche, le corps de Mgr Darboy fut disposé dans une chapelle ardente installée dans le grand salon qui donne sur le jardin. Auprès de lui se trouvait le cercueil de Mgr Surat, son vicaire général, protonotaire apostolique, tombé comme lui, le 27 mai, sous les balles sacriléges de la commune.

Le catafalque de Mgr Darboy était à droite, sous un immense dais noir frangé d'argent. Le corps, revêtu des ornements sacerdotaux, reposait sur le lit, les pieds dirigés vers la fenêtre, de sorte que la lumière du jour éclairait pleinement le visage de l'infortuné prélat, qui, quoique affreusement pâle, avait une expression touchante de calme et de résignation.

Les paupières étaient closes. La barbe était assez longue et telle que la portait Mgr Darboy pendant sa captivité. Les mains gantées sont étendues de chaque côté du corps.

Toute la journée et toute la nuit, des prêtres et des religieuses se tenaient en prières auprès du lit mortuaire entouré de cierges allumés.

Les nombreux fidèles qui s'y rendirent en pèlerinage apportaient des chapelets pour les faire sanctifier par un simple contact avec le corps de l'illustre défunt.

Un autel dressé sur un des côtés de la chapelle servait tous les matins à la célébration de la messe et de l'office des morts.

Les obsèques furent célébrées le mercredi 7 juin, en l'église métropolitaine de Notre-Dame, et après l'office du soir, le corps a été descendu dans le caveau des archevêques de Paris.

Mgr Darboy est auteur de plusieurs ouvrages; en voici la liste complète :

Œuvres de saint Denys l'Aréopagite, traduites du grec, précédées d'une introduction où l'on discute l'authenticité de ces livres, où l'on expose la doctrine qu'ils renferment et l'influence qu'ils ont exercée au moyen âge, Paris, 1844, in-8°. Cette introduction est un prodige d'érudition, de science, de pénétration et de beau style. Dans la première partie, l'auteur établit l'authenticité des œuvres de saint Denys; dans la seconde, il expose en abrégé la doctrine de ce docteur sur Dieu, la Trinité, l'origine des choses, l'origine du mal et le but de la création. Dans la dernière partie, il montre avec une grande habileté saint Denys léguant à la théologie les données de ses théories et le principe de toutes les solutions. Quant à la traduction, les meilleurs hellénistes s'accordent à en louer la fidélité.

Les Femmes de la Bible, collection de portraits des femmes remarquables de l'Ancien et du Nouveau Testament, tome I, Paris, 1846, gr. in-8° avec 20 portraits; tome II, Paris, 1849, gr. in-8° avec 20 portraits; Paris, 1851-1852, 2 vol. gr. in-8° avec 40 portraits; Paris, 1854-1855, 4e édition, 2 vol. gr. in-8°. A certains égards, cette belle et grande publication n'est autre qu'une vie des saints, écrite sur le plan de l'histoire.

De la liberté et de l'avenir de la république française, Paris, 1850, in-8°. Cette brochure anonyme est extraite du *Correspondant*, où l'article est signé G. Darboy.

Le Christ, les Apôtres et les Prophètes, Paris, 1850, gr. in-8°. Cet ouvrage est le complément des *Femmes de la Bible*.

Lettre à M. l'abbé Combalot, en réponse à ses deux lettres à Mgr l'archevêque de Paris, Paris, 1851, in-8°.

Nouvelle lettre à M. l'abbé Combalot, en réponse à sa nouvelle attaque contre NN. SS. de Paris et d'Orléans, Paris, 1851, in-8°.

L'Imitation de Jésus-Christ, traduction nouvelle avec des réflexions, Paris, 1852, gr. in-8°, avec douze vignettes d'après Owerbeck; 4e édition, Paris, 1858, in-32. L'abbé Darboy, venant après Gonnelieu, de la Mennais et quelques autres écrivains, ne leur est point inférieur. Sa traduction égale au moins celle de la Mennais, et ses réflexions à la fois simples, pieuses et profondes, surpassent certainement les moralités emportées du moderne Tertullien.

Jérusalem et la Terre sainte, Paris, 1852, in-8°. C'est encore une sorte de complément des *Femmes de la Bible*.

Statistique religieuse du diocèse de Paris, Paris, 1856, in-8°. Fruit des labeurs du vicaire général, cet écrit était, dans les desseins de la Providence, l'apprentissage du futur archevêque.

Histoire de saint Thomas Becket, Paris, 1858, in-8°. Augustin Thierry, dans sa préoccupation excessive de la question des races, a représenté le primat de Cantorbéry comme renouvelant sur un autre terrain l'antagonisme des Saxons et des Normands. Mais ce système sans antécédents dans les historiens anglais depuis Hume jusqu'au docteur Lingard, a été réfuté d'une manière victorieuse par Mgr Darboy, qui a démontré, à l'aide de documents contemporains, l'origine normande du père de Thomas Becket, né à Rouen. Ainsi disparaît tout l'échafaudage élevé par la brillante imagination de l'historien de la conquête normande. Ce n'est point pour la cause d'une nationalité que Becket souffrit le martyre; c'est pour la cause du droit, comme l'ont dit les écrivains du douzième siècle, dans leur style naïvement expressif :

Est pro justitia cæsus in Ecclesia.

(Il fut pour la justice, immolé dans l'Église.)

Mgr Darboy a fourni en outre de nombreux articles au *Moniteur catholique*, au *Correspondant*, a écrit la *Vie de saint Augustin* dans l'ouvrage intitulé *Vies des saints*, nouvellement écrites d'après les monuments et les traditions, et a donné une nouvelle édition, augmentée de notes, du *Traité de l'administration des paroisses*, de Mgr Affre.

Les lettres pastorales de Mgr Darboy sont des plus remarquables; elles se distinguent particulièrement par le côté pratique. Le pieux et éloquent prélat qui gouvernait l'Église de Paris tint toujours aux fidèles confiés à sa vigilance le langage le plus propre à les instruire et à les convaincre des vérités de la foi, à les arracher au mal et à les attacher au bien.

En prenant possession du siége de Paris, Mgr Darboy disait : « Nous venons à vous avec l'amour du travail et sur la foi de la Providence... Nous voulons continuer l'œuvre de notre sage et pieux prédécesseur, autant qu'il est possible, avec la différence du caractère personnel; la continuer par les mêmes moyens, par la continuité d'un vouloir ferme et modeste, plus encore que par les efforts trop sensibles d'un courage qui dédaignerait la mesure et l'opportunité... L'Église, ou plus explicitement le pape, son premier pasteur et son chef auguste, trouvera toujours en nous non-seulement l'évêque fidèle au saint-siége, mais encore le fils respectueux et prêt à faire plaisir à son père bien-aimé... A notre dévouement pour l'Église se joint notre tendre et profond dévouement pour la France, qui est notre mère aussi. Son histoire glorieuse entre toutes, son esprit d'initiative et de propagande, son caractère chevaleresque, la prépondérance éclatante qu'elle s'est acquise par son courage et son génie, tout ce qui lui fait une si grande place dans l'admiration des peuples, lui fait une place égale dans le cœur de ses enfants. Loin que ces sentiments de patriotisme aient à souffrir de notre foi religieuse, ils y trouvent, au contraire, avec une sanction sacrée, leur sentiment et leur force. Car la France est, depuis Clovis, le soldat de Dieu et l'épée de l'Église... Il y a deux choses que nous tenons à cœur de réunir : avoir raison et faire agréer que nous ayons raison... Nous voulons amener les esprits incomplétement renseignés à reconnaître qu'ils se méprennent sur le véritable caractère du catholicisme, en le regardant comme hostile à ce qu'il faut nommer civilisation et progrès... Nous sommes envoyé pour bénir et non pour maudire. »

La lettre pastorale du 31 janvier 1864 portait sur la divinité de Jésus-Christ. Elle n'avait pas pour but d'exposer et de développer les preuves de la divinité du Sauveur, mais d'indiquer tout au plus les principaux aspects d'une si belle et si riche vérité. Elle rappelait en quelques mots la vie de Notre-Seigneur, sa doctrine et ses œuvres ; elle nous affermissait dans notre foi, qui est la foi de nos pères et du monde, et nous faisait offrir à Jésus-Christ un amour et des hommages d'autant plus vifs et plus manifestes, qu'on nous avait blessés nous-mêmes dans le cher objet de nos adorations, et qu'en l'insultant on nous avait provoqués. Car « Jésus-Christ remplit le monde, et les siècles portent son nom. Toutes les générations s'inclinent en passant devant lui : ses autels, assis dans les consciences, environnés de respect et défendus par l'amour, bravent les injures des hommes et la main du temps ; ils survivent à toutes les révolutions et à toutes les ruines. »

Une lettre pastorale du 25 mai 1864, relative à la consécration de Notre-Dame de Paris, commençait en ces termes : « Il est superflu, sans doute, d'appeler votre intérêt sur Notre-Dame de Paris. La noble métropole parle à l'esprit et au cœur de tous ceux qui ont le sentiment des grandes choses et qu'émeuvent les chères et saintes images de la France et de la religion. »

Le 8 novembre de la même année 1864, Mgr Darboy annonçait l'établissement de conférences à Notre-Dame pour le temps de l'avent, et rappelait en cette occasion que pour connaître le but de la vie et y parvenir, la raison toute seule ne suffit pas, mais que la foi est absolument nécessaire pour savoir ce qu'il faut et comme il le faut.

L'encyclique du souverain pontife, où sont signalées et condamnées de nouveau les principales erreurs du temps présent, et le jubilé de l'année 1865 font l'objet de la lettre pastorale du 12 février 1865. Le savant prélat nous invite à être en garde contre une foule d'apôtres sans mandat qui, tous les jours, discutent, affaiblissent ou défigurent la vérité, et qui semblent vouloir suppléer à la mission qui leur manque et à la médiocrité de leur doctrine par l'abondance et l'excès de leurs affirmations ; à ne point céder à l'esprit de contention et de parti, mais plutôt à sacrifier tous nos dissentiments à l'unité et à la charité, qui sont la suprême loi de l'Église. « Que nos passions et nos vices reculent ; que le christianisme se manifeste par toute notre conduite ; que des mœurs privées il pénètre dans les mœurs publiques et s'y établisse avec plus d'empire et d'éclat ; et qu'ainsi fleurissent partout le respect, la modération, l'honnêteté de la vie, le dévouement à nos semblables, la crainte de Dieu, la piété, en un mot toutes les vertus qui font la grandeur morale des individus, la force et la prospérité des nations ! »

Le 19 novembre 1865, à propos des conférences de Notre-Dame, Mgr l'archevêque nous avertissait dans une instruction pastorale de « ce que c'est que la vie et quelle suite elle peut avoir. » Sa Grandeur montrait encore que si la vie sous forme d'épreuve s'écoule et finit sur la terre, sous forme de récompense et de châtiment, elle se prolonge ailleurs et se fixe pour jamais dans la gloire ou dans l'opprobre, et qu'ainsi nous devons la gouverner en vue de cet immortel avenir.

Pour le carême de 1866, Mgr Darboy s'occupait du devoir, et invitait ceux qui manient la parole ou la plume dans les écoles, dans les assemblées et dans la presse, à rester fidèles à leur devoir, c'est-à-dire à la vérité et à la vertu. « Vous avez de l'esprit, ajoutait-il, puisque votre mission paraît être d'en donner aux autres ; vous avez du cœur, et sans doute on ne vous désoblige pas en l'affirmant ; hommes d'esprit et de cœur, n'offensez jamais les choses dignes du respect et de l'amour universel et qui portent l'honneur des familles et la fortune des peuples. »

Le 30 novembre 1866, Mgr l'archevêque publiait un mandement prescrivant des prières pour le souverain pontife, rendait pleine justice aux fidèles de son diocèse et leur adressait les remercîments que méritaient leur zèle intelligent et leur généreux concours ; sollicitant la continuation de leur bon vouloir, de leurs prières et de leurs libéralités en faveur d'un vieillard, d'un monarque et d'un père, en faveur de Pie IX, vicaire de Jésus-Christ.

En 1867, le 23 février, Mgr Darboy réclamait, au nom de la religion et de la société, contre les doctrines odieuses, les hardies négations et les impiétés qui, se dépouillant de tout appareil scientifique, revêtaient les formes ordinaires du langage et descendaient jusqu'au plus bas niveau de l'intelligence. Sa Grandeur consacrait son instruction pastorale à nous montrer le funeste effet des mauvaises doctrines sur les individus et les peuples, et à nous presser de résister à la tentation de tout écrire et de tout lire indiscrètement.

Nous n'avons que quelques mots à ajouter sur deux autres lettres pastorales, celle du 15 février 1868, sur la vérité de la religion, et celle du 30 janvier 1869, sur l'excellence de la doctrine chrétienne.

Mgr Darboy résume lui-même la première en ces termes : « La religion est entrée dans le monde avec le premier homme, et elle n'en sortira qu'avec le dernier. Elle est un fait social, universel, partout et toujours présent, invincible à toutes les difficultés et à tous les obstacles ; un fait spontané et nécessaire, humain et divin tout à la fois ; un fait qui porte ainsi dans son mode d'existence et dans sa durée le caractère et les titres de son origine céleste, de sa légitimité et de sa valeur... Voilà ce que nous avons exposé dans la lettre pastorale publiée l'année dernière à l'occasion du carême. »

Mais la religion n'est pas seulement un fait ; elle est aussi une doctrine. L'instruction pastorale de 1869 est consacrée à nous présenter cette doctrine dans l'ensemble de ses principaux dogmes, en faisant voir qu'elle se recommande par son excellence à l'acquiescement de tout esprit correct et sincère, et que ceux-là seuls la repoussent et lui font la guerre qui l'ignorent et refusent de la connaître.

Sa Grandeur, après nous avoir exhortés à nous défier des sophismes dirigés contre la religion et sa doctrine, ajoutait : « Attachez-vous de plus en plus à la religion pour la croire et la pratiquer ; c'est la religion du monde civilisé, celle de vos aïeux qu'elle a bénis et dont elle garde la cendre pour la résurrection future, celle qui donne la paix à votre conscience et fait vos plus beaux jours, qui aide à la bonne éducation de vos enfants, qui protége l'honneur de votre foyer et la dignité des mœurs publiques, qui est la plus ferme garantie des droits et des intérêts, et qui maintient le mieux dans le monde le sentiment et la pratique des devoirs. »

C'est de Rome, hors de la porte Flaminienne, le 9 février 1870, que Mgr Darboy adressa à son troupeau son instruction pastorale du carême. L'opportunité du sujet traité par le vénérable prélat n'échappa à personne. Au milieu des agitations et des transformations de notre temps, il importait de rappeler que « la religion fidèlement pratiquée est le principe efficace et la meilleure garantie de la félicité publique et privée. » En quelques pages serrées, l'archevêque exposait avec sa vigueur et son élévation ordinaire, les principaux avantages que les préceptes et les vertus de la foi procurent aux individus et aux sociétés.

Le mandement de l'avent 1870 avait pour objet « les affaires présentes. » Il est empreint de tristesse à la vue des malheurs qui accablent la France et l'Église ; mais le prélat s'y montre aussi rempli de la plus consolante espérance.

Enfin, le mandement du 15 février 1871, pour le carême de cette année, traitait de « la nécessité de la religion. »

Chevalier de la Légion d'honneur le 11 août 1860, Mgr Darboy fut promu officier de l'ordre le 14 août 1863, commandeur le 14 août 1865, et grand officier le 14 août 1868 ; il était en outre grand-croix de l'ordre de Léopold d'Autriche et était entré au sénat de l'empire le 5 octobre 1864.

Les armoiries de l'archevêque de Paris étaient *d'azur à une croix d'argent*, et sa devise, *Labore fideque*.

PARIS. — IMPRIMERIE DE SOYE ET FILS, PLACE DU PANTHÉON, 5.

PARIS. — E. DE SOYE ET FILS, IMPRIMEURS, PLACE DU PANTHÉON, 5.